„Vom Chaos-Chef zum Struktur-Unternehmer"

„Wie willst du das alles schaffen, Schatz?"

So wirst du NICHT in der Arbeit untergehen!!!

„Vom Chaos-Chef zum Struktur-Unternehmer"

„Wie willst du das alles schaffen, Schatz?"

So wirst du NICHT in der Arbeit untergehen!!!

Bibliografische Information der Deutschen Nationalbibliothek: Die Deutsche Nationalbibliothek verzeichnet diese Publikation in der Deutschen Nationalbibliografie; detaillierte bibliografische Daten sind im Internet über dnb.dnb.de abrufbar.

© 2023 Melanie Flacke

Herstellung und Verlag: BoD – Books on Demand, Norderstedt

ISBN: 978-3-7568-1151-9

„Vom Chaos-Chef zum Struktur-Unternehmer"

„Wie willst du das alles schaffen, Schatz?"

Prolog

Machen wir uns nichts vor. Selbstständigkeit ist knüppelharte Arbeit!

Ganz besonders am Anfang, wenn du noch alles alleine machen musst, du noch überhaupt keine Erfahrungen hast und von „freundlichen Feinden" umringt bist.

Wenn du nicht das richtige Mindset hast, dir die Strukturen fehlen und vor allem du nicht von den Erfahrungen vorangegangener Unternehmer lernen kannst, gehst du unter.
So, wie die meisten Selbstständigen. Und der überwiegende Teil von ihnen geben ihr Vorhaben dann … und somit ihre größten Träume … für immer auf!
Also lassen wir es gar nicht erst soweit kommen.

In diesem kleinen Büchlein, das Dritte in der Serie, gebe ich dir Werkzeuge an die Hand, wie du die geballte Flut an Aufgaben sowohl im Auge, als auch im Griff behältst und jeden Tag ein Stück weiter voran kommst.
Also lass uns dem Chaos den Kampf ansagen!

Let´s go!

Freundliche Feinde

Beginnen wir mit dem Wichtigsten: Unterstützung!

Die Cover der ersten beiden Bücher dieser Serie, zeigen es, glaube ich, ganz gut. Du willst vorankommen, doch dein Umfeld bremst dich aus.
„Aber erst mähst du noch den Rasen, Schatz!" → alles Andere ist deinem Umfeld wichtiger, als deine Selbstständigkeit.
„Wer ist die Frau auf dem Foto, Schatz?" → es gibt kein Verständnis für die Dinge, die du tust und in welcher Weise du sie tust.

Überlege einmal: Mit welcher Denkweise bist du und sind all deine Bekannten, Verwandten und Liebsten aufgewachsen?
Der Großteil der deutschen Bevölkerung wird von Anfang an zu Arbeitnehmer heran erzogen.

Was wir in der Schule lernen, soll uns später „im Job" nützlich sein.
Du musst doch erst eine anständige Lehre absolvieren, damit du einen Abschluss in der Hand hast und einen Beruf erlernt hast.

Sei mit den 1.200,00 € - 1.600,00 € monatlich netto zufrieden!
Und dass knapp 50% von deinem Lohn an Steuern und Sozialabgaben runter gehen, ist doch normal! Da darfst du nicht drüber meckern und kannst schon gar nichts dagegen tun.
Das Geld reicht nicht? Na, dann muss deine bessere Hälfte eben auch Vollzeit arbeiten. Dann klappt das auch.
Dafür gibt es doch die Kitas. Da können die Kinder dann von fremden Menschen aufgezogen werden.

Aber ihr dürft sie abends ja noch ins Bett stecken. So habt ihr sie auch mal gesehen.

Und das Problem ist, dass das für uns normal ist! Man gibt sich damit zufrieden. Hangelt sich von Urlaub zu Urlaub, von Jahr zu Jahr.

Aber was, wenn dann einer aus der Umgebung sich plötzlich nicht mehr damit zufrieden geben will?
Was, wenn derjenige etwas besseres will?
Die Kinder nicht nur aufwachsen sehen, sondern aktiv an ihrem Leben teilhaben will. Das eigene Leben nicht nur überleben, sondern erleben will.
Romantische Abende genießen, Abenteuer mit den Kindern im Wald bestreiten, Kulturreisen mit der Familie weltweit ermöglichen und außergewöhnliche Aktionen mit den Freunden erleben.
Das Leben lebenswert gestalten! Leben, um des Lebens willen!

Aber wer kann sich das denn schon leisten? Denn wer sein Leben ausschließlich auf Freude, Liebe und Lebenslust ausrichten will braucht doch Unmengen an Geld, oder nicht?
Millionen über Millionen. Sonst geht es nicht.

Und die Millionäre sind doch alles nur Abzocker, Betrüger und Kriminelle.
Oder sie haben das Geld geerbt und sind verwöhnt und arrogant.
Man weiß doch, dass reiche Menschen einen schlechten Charakter haben, geizig sind und einem Bettler eher in den Hut spucken, als ihm die Hand zu reichen.

Das ist das Mindset derer, die Arbeitnehmer sind und bleiben wollen.

Eine Masse an Menschen, welche zwar unzufrieden mit ihrer Situation ist, es sich aber so zurechtgelogen hat, dass sie auch nichts ändern will ... oh, pardon! Natürlich „können" sie nichts daran ändern. Denn schließlich sind sie rechtschaffen. Und ihnen könnte nur ein Bankraub helfen. Oder andere kriminelle Aktivitäten. Nur Lug und Betrug würden sie reich machen.

Da du dir aber meine Bücher zu Gemüte führst, gehe ich davon aus, dass du aus diesem Mindset ausbrechen willst und wahrscheinlich auch schon einige Erkenntnisse für dich gewonnen hast.
Aber deine Mitmenschen eben nicht.

Und das ist ein Punkt, den du verstehen musst, damit du nicht wieder zurückfällst.

All deine Freunde und Liebsten lieben dich und wollen nur dein Bestes! Also Schuster, bleib bei deinen Leisten!

Folgendes Szenario:
Du hast deine Positionierung herausgearbeitet, hast eine grandiose Idee für die du brennst und du stürmst zu deinem Partner, um deine Freude und Euphorie zu teilen. Du willst Bestätigung, wie toll deine Idee ist!

Das ist nur natürlich! Wir sind Herdentiere und ohne den Rückhalt der Herde waren wir im Steinzeitalter verloren. Auch heute können nur sehr wenige Menschen ganz ohne andere Menschen glücklich leben. Und ich persönlich bezweifle auch, dass dieses Leben dann wirklich glücklich ist.

Also geht man mit seiner Idee, von der man so begeistert und absolut überzeugt ist, zu dem liebsten Menschen in seinem Leben.

Doch dieser Mensch ist die Mindset-Schritte, die du bereits gemeistert hast, noch nicht gegangen. Du wirst keine Bestätigung erhalten!

Es werden eher Aussagen kommen wie: „Und wie willst du das realisieren? Das schaffst du doch nie. Ach, du bist doch kein Elon Musk. Hör auf zu träumen. Wie willst du denn unsere Familie ernähren? Du hast doch nicht etwa vor zu kündigen? Deine Träumerei macht mir Angst. Ehrlich, ich glaube nicht, dass das funktioniert. Was meinst du mit spitz positionieren? Du willst das nur einem Menschen verkaufen? Du bist doch komplett verrückt. Gib lieber auf, bevor du versagst und total enttäuscht sein wirst!"

Was passiert hier gerade?
Der freundliche Feind versucht dich vor einer großen Enttäuschung zu bewahren. Er kann sich nicht vorstellen, was du schon glasklar vor deinen Augen als erreicht ansiehst.

Es ist so, als wenn dein Partner die Brücke nicht sieht, die über die Schlucht führt. Du steuerst selbstbewusst auf diese Brücke zu und dein Partner hängt sich mit aller Kraft und dem gesamten Gewicht an dich, um dich festzuhalten, damit du nicht in den Abgrund rennst.

Es ist wirklich nur liebevoll gemeint. Doch das ist nicht das, was dich weiterbringt! Du MUSST über diese Brücke!
Und wenn die Brücke noch so wackelig ist! Oder vielleicht sogar noch gar nicht vorhanden ist, sondern du musst sie erst bauen. Aber du MUSST da rüber, damit du die Zeit und die Freiheit erobern kannst, die du brauchst, um deine Träume zu leben!

Einer meiner Mentoren, Bodo Schäfer, hat ein passendes Bild hierfür:

Wenn Fischer Krebse gefangen haben, haben sie sie einfach in einen Eimer gelegt. Und egal wie voll der Eimer war, die Krebse sind nicht rausgekrabbelt.
Warum nicht? Weil die unteren Krebse die oberen festgehalten haben. Anstelle also, dass ein paar Krebse entkommen könnten, hat die Gemeinschaft niemanden aus der Gefahrensituation heraus gelassen. Und sie wurden alle gekocht!

Wie gesagt: Es ist von deinen Liebsten nicht böse gemeint. Aber du musst verstehen, dass du dich veränderst. Und die anderen nicht.
Am Anfang wird der Gegenwind extrem stark sein!
Daher ist es klug wenig, bis gar nichts zu erzählen und sich zeitgleich aber auch Gleichgesinnte zu suchen, mit denen man sich austauschen kann.

Diese Gleichgesinnte findet man heutzutage leicht in Social Media oder aber auf Unternehmerseminaren. Weiterbildung ist für dich sowieso ab jetzt eines der wichtigsten Werkzeuge. Du solltest regelmäßig neue Seminare besuchen.

Für zu Hause solltest du dich mit deiner besseren Hälfte hinsetzen und einmal durchsprechen, dass du neben deiner Festanstellung Zeit brauchst, um ein eigenes Projekt aufzubauen.

Dies habe ich in meinem ersten Buch auch schon genauestens aufgeführt, denn du musst sicherstellen, dass du in deiner Blockzeit nicht gestört wirst!

Alles andere behältst du erstmal für dich.

Du musst verstehen, dass du dich verändern wirst und deine Umgebung eher nicht. (Ich weiß, ich wiederhole mich hier. Aber es ist so wichtig!)

Und es wird geschehen, dass sich viele von dir abwenden. „Früher konnte man mit dir noch richtig Spaß haben. Aber jetzt hast du nie Zeit. Und plötzlich diese Gesundheitstour. Ständig Gemüse, Salat und Sport. Was ist aus unseren Saufabenden geworden?"

Jetzt ist die Zeit, in der sich die Freunde splitten.

Von erfolgreichen Menschen hört man immer, dass man unbedingt sein Umfeld wechseln muss!

Das ist immer so leicht gesagt. Aber glaube mir, wenn du dich veränderst, dann trennt sich der Teil deines Umfeldes, der dich blockiert, ganz alleine von dir. Du musst sie nur gehen lassen!

Es wird wahrscheinlich nur wenige geben, die dich unterstützen, dir Raum und Zeit geben und dennoch immer für dich da sind und dich herzlich willkommen heißen, wenn du deine wertvolle Zeit mit ihnen teilst.

Und das sind die Freunde, die mit dir durch die harte Zeit gehen und mit denen du dann hinterher deinen Erfolgt gebührend feiern kannst.

Mach dich auf folgendes gefasst (Zitat von Oscar Karem):

Erst wirst du belacht, dann beschossen und dann beneidet!
Dein Erfolg wird viele Opfer fordern, du wirst immer wieder scheitern, bis schlussendlich sich ENDLICH der Erfolg einstellt. Aber von den Menschen, die sich von dir abgewandt haben, wirst du nur hören, dass du doch nur Glück hattest. Keiner sieht oder spricht von dem Kampf und der harten Arbeit, die dahinter steckt.

Such dir Menschen, die dich fördern, unterstützen, mit dir kämpfen und an dich glauben!

Dein Umfeld wird sich von alleine ändern. Du musst die Veränderung nur zulassen.

Das durchzustehen erfordert schon unheimlich viel Kraft. Und dann kommt noch der gesamte Prozess dazu, dein Unternehmen aufzubauen!

Arbeit, Arbeit, Arbeit!

Was ist schon groß dabei? Ich kenne mein Produkt und verkaufe es. Fertig. Kann doch nicht so schwer sein.

Wo verkaufst du es? An wen verkaufst du es? Wie sieht dein Produkt aus? Musst du es fertigen lassen? Ist es digital? Ist es eine

Dienstleistung? Brauchst du Maschinen? Firmenwagen? Computer? Büro?

Was ist mit der Kalkulation? Den Steuern? Der Buchhaltung? Gewerbeanmeldung? Genehmigungen? Einzuhaltende Vorschriften? Benötigst du Bescheinigungen?

Welche Kosten kommen auf dich zu? Wie kalkulierst du deine Preise? Was ist denn bitte schön ein Debitor oder Kreditor? Brauche ich Marketing? Wie und wo mache ich Werbung?

Musst du Kundenkarteien führen? Machst du alles digital oder auf Papier? Gibt es da Vorschriften?

Was machst du zuerst? Ist ein Businessplan notwendig? Was ist eine GuV? Und was ein Liquiditätsplan?

Der Berg an Arbeit, der vor dir liegt, scheint unüberwindbar. Vielleicht fällt es dir zu Anfang nicht auf, aber je mehr du daran arbeitest, desto mehr Baustellen tun sich auf und es wird der Punkt kommen, an dem du verzweifelt auf deine To-Do-Liste schaust und nicht mehr weißt, wie du das alles bewerkstelligen sollst.

Und vor allem, du bist am Anfang noch ganz alleine und keiner kann dir etwas abnehmen.

Du beginnst als Selbstständiger und arbeitest dich dann weiter zum Unternehmer.

Bist du Selbstständiger, oder Unternehmer?

Ähm ... ist das nicht das Gleiche?
Nope!

Ein Selbstständiger ist der Kern, das Herz des Unternehmens. Ohne ihn läuft gar nichts und das Unternehmen stirbt. Er, oder sie, ist ständig erreichbar, beinahe ununterbrochen im Betrieb und hält alle Fäden fest in der Hand.
Urlaub ist nicht möglich, denn dann geht alles den Bach runter!

Kurz: Der Selbstständige arbeitet IM Unternehmen und ist somit einfach nur ein Angestellter mit immenser Verantwortung. Meistens sogar mit dem schlechtesten Stundenlohn aller Angestellten.

Und der Unternehmer? Nun, ein Unternehmer arbeitet nicht IM Unternehmen, sondern AM Unternehmen!

Er macht keine Bestellungen, Kundentelefonate, Buchhaltung oder fegt den Laden aus.
Ein Unternehmer weiß, dass ein erfolgreiches Unternehmen nicht von Menschen geführt wird, sondern von Systemen.
Somit sind die Aufgaben eines Unternehmers Systeme zu schaffen, Arbeit zu delegieren und alles zu kontrollieren.
Und wenn der Unternehmer seinen Job richtig gut gemacht hat, dann hat er ein kommerzielles, profitables Business geschaffen, welches OHNE IHN funktioniert. (Definition eines Unternehmens von Pascal Feyh)

Aber so startest du nicht. Am Anfang bist du allein. Und da machst du alles alleine.

Jedoch solltest du bei jedem Arbeitsschritt bereits dein Unternehmerdasein planen und die Automatisierung dieser Tätigkeit ins Auge fassen.

Also im Endeffekt bedeutet es, dass du deine Aufgaben erledigst, diese in Systeme ausarbeitest, deinen Angestellten diese Systeme an die Hand gibst und nur noch überwachst, dass deine Mitarbeiter die Systeme auch richtig ausführen.

Bis dahin ist aber noch ein weiter Weg zu gehen!

Ein langer und verworrener Weg braucht Struktur

Um ein Geschäft zu beleben benötigt es unglaublich viel Arbeit und es gibt so viele Baustellen, die, so wie es scheint, alle gleichzeitig bedient werden wollen.

Wenn man hier ohne Struktur an die Arbeit geht, läuft man Gefahr unterzugehen.

Also gebe ich dir hier jetzt die Struktur, die mir unglaublich weiter geholfen hat. Mit dieser Methode habe ich es geschafft, jeden Tag Erfolge zu sehen und Stück für Stück alle Arbeiten zu erledigen, die notwendig waren.

Jeder Millionär, den ich kenne, hat immer und immer wieder gesagt, dass er seine Zeit sorgfältig plant!
Er plant jeden Tag, jede Woche, jeden Monat, das Jahr, die nächsten sieben Jahre!

Fangen wir doch für den Einstieg damit an, zu planen, wie weit du mit deinem Projekt in einem Jahr kommst. Und zwar zäumen wir das Pferd von hinten auf.

Nimm dir die Zeit und arbeite deine Ziele ganz genau aus! Und zwar in Zahlen und in Daten. Deine Ziele müssen messbar sein! Wann willst du wieviel verkauft, wieviel eingenommen, wie hoch skaliert haben?

Als Beispiel:

Datum	Ziel
in 12 Monaten	monatlich: - 200 Abos verkaufen - 150 Videokurse verkaufen - 500.000,- € Nettoumsatz
in 8 Monaten	2 weitere Verkäufer eingearbeitet haben
in 6 Monaten	1 Verkäufer eingearbeitet haben
in 5 Monaten	Produkt an die ersten 20 Kunden verkauft haben
in 4 Monaten	Produkt finalisieren
in 3 Monaten	mit 10 Testkunden das Produkt testen und verbessern
etc.	

Das ist nur ein grobes Beispiel. Gehe da ruhig detaillierter ran und arbeite mehr mit Umsätzen.

Bleib bei deinen Zeitangaben realistisch. Schieb es nicht zu weit nach hinten. Dann trödelst du nur und „Aufschieberietis" macht sich breit.
Aber leg die Termine auch nicht zu eng aneinander. Wenn du Termine ständig nicht einhältst, zerstört es auf Dauer deine Motivation.

Mit deinen Zielen solltest du wie folgt verfahren:
Denke bloß nicht zu klein! Dann bleibst du unter deinen Möglichkeiten!
Als Beispiel:
Wenn dein Ziel so klein ist wie eine Murmel, dann kann es sein, dass der erste Stolperstein, der dich auf deinem Weg ins Straucheln bringt, viel größer erscheint als die Murmel.
Sprich: Dein Ziel (die Murmel) verschwindet hinter dem Stein (das Problem) und ist es nicht wert, diesen Stein zu überwinden. Das Problem scheint zu groß zu sein. Du verlierst dein Ziel aus den Augen, hast keine Motivation mehr und gibst auf.

Wenn dein Ziel aber so groß ist wie der Mond, dann kann das Problem so riesig sein wie ein ganzer Berg! Doch du hast dein Ziel (den Mond) immer noch vor Augen, welcher hinter dem Problem (dem Berg) auf dich wartet. Also packst du das Problem an.

Deine Ziele können nie groß genug sein!!!

Ich höre schon die Aufschreie: Was? Bist du bekloppt? Es gibt Dinge, die kann man einfach nicht erreichen! Der Mond? Blödsinn! Und wenn du es nicht erreichst? Wie hoch ist dann die Enttäuschung? Bleib lieber realistisch!

Nun, wenn wir alle immer realistisch blieben, würde keiner von uns je den Mond erreichen. Und? War schon einmal ein Mensch auf dem Mond?

Die Einen sagen: JA! Waren wir!
Es gibt auch welche, die sagen: Nein! Alles Schwindel!
Ich sage: Ist mir egal! Es ist möglich!!!

Leider weiß ich nicht, von wem folgendes Zitat ist:
„Alle sagten: Das ist unmöglich!
Da kam einer, der wusste das nicht und hat es getan!"

Es ist unmöglich:
- das Feuer zu zähmen!
- den Wolf zu meinem Freund zu machen!
- ein stärkeres Metall als Eisen zu finden!
- Lebensmittel haltbar zu machen!
- diese Krankheit zu heilen!
- etc.

ALLES ist möglich!!! Bleibe NIE unter deinen Möglichkeiten!!!

Und was, wenn ich meinen persönlichen Mond tatsächlich niemals erreichen werde? War dann alles umsonst? Die ganzen Berge, die ich bezwungen habe? Mein Leben, das ich dafür geopfert habe? All die Widrigkeiten, die ich überwunden habe?
Wie oft bin ich gestolpert und hätte einfach liegen bleiben können? Aber nein! Ich bin immer und immer wieder aufgestanden!
Und dann erreiche ich meinen Mond, mein allerhöchstes Ziel, niemals?

Wozu dann das alles?

Sag mir:
Was hast du denn bis dahin alles erreicht?
Welche Siege errungen?
Welche Ziele erreicht?
Hast du ein glückliches und freies Leben geführt?

Sagen wir, dein persönlicher Mond wären 10 Milliarden Euro!
Du hast aber nur lumpige 2 Milliarden erreicht.
Ganz ehrlich … solltest du da enttäuscht sein?

Es sind 2 MILLIARDEN Euro!!!!!!!!!! Das wird GEFEIERT!!!

Aber jetzt zurück zur:

Struktur

Gewöhne dir an, immer ein kleines Notizbuch und einen Stift bei dir zu haben. Egal wo!

Denn der erste Trick ist, dass du, egal wann und wo du eine Idee für dein Business hast, schreibst du dies sofort in dein Büchlein auf.
Dann kannst du es nicht vergessen und hast den Kopf wieder für andere Dinge frei.

Was aus deinem Kopf auf das Papier gebracht worden ist, kann später bearbeitet werden und belastet, z.B. deinen jetzigen Familienurlaub nicht.

Als nächstes solltest du in deinem Büro ein Hängeregister haben.

Ob es nun eine kleine Office Box wie diese ist,

ein Hängemappenwagen wie dieser,

oder gar ein Hängeregisterschrank, wie dieser

ist ganz dir überlassen.

Wichtig ist, dass du deine Unterlagen richtig sortieren kannst.

Als Beispiel:
- Material vom besuchten Marketingseminar
- Hauptprodukt und die Entwicklung
- Testkunden
- Marketingideen
- Buchhaltungsunterlagen (Quittungen, etc.)
- Mappe für Businessideen, die später realisiert werden sollen
- etc.

Und wenn wir die beiden Tipps kombinieren, dann ist der erste Schritt, den du machst, sobald du dein Büro betrittst, dein Büchlein hervorzuholen und all deine Ideen in die passenden Hängemappen einzusortieren. Ja, du darfst die Seiten aus deinem Büchlein herausreißen. 😊

Somit hast du schon einmal eine Grundstruktur geschaffen.

Ganz wichtig!!! Halte deinen Schreibtisch sauber!

Du hast immer nur EINEN Vorgang auf dem Schreibtisch! Und sobald du ihn bearbeitet hast, kommt er wieder weg.
Das hört sich so leicht an. Ist aber wesentlich schwieriger umzusetzen, als man glaubt.

Bei mir haben sich zeitweise die Hängemappen gestapelt. Schließlich musste ich ja mit allen arbeiten. Überall hatte ich was zu tun. Dann habe ich mich zeitweise auch mit 3-4 unterschiedlichen Projekten befasst und komplett verzettelt.

Mein Schreibtisch sah aus, als wenn man dort nie wieder etwas finden würde.
Dem war zwar nicht so, aber ich habe dann Mappen über ein halbes Jahr da liegen gehabt, ohne auch nur einmal wieder reinzusehen. Da war es wohl doch nicht so wichtig, was ich noch machen wollte.

Schön und gut, aber wenn ich die Mappen weghänge, dann vergesse ich doch wieder, was ich machen wollte.

Nein, vergisst du nicht! Denn dafür haben wir unsere:

Task-List

Die Task-List (oder auch Aufgabenliste) ist eine ganz einfache Liste, auf der ich alles, aber auch wirklich jede Kleinigkeit aufschreibe, die ich zu erledigen habe.

Ein Beispiel meiner Task-List eines Projekts sah wie folgt aus:

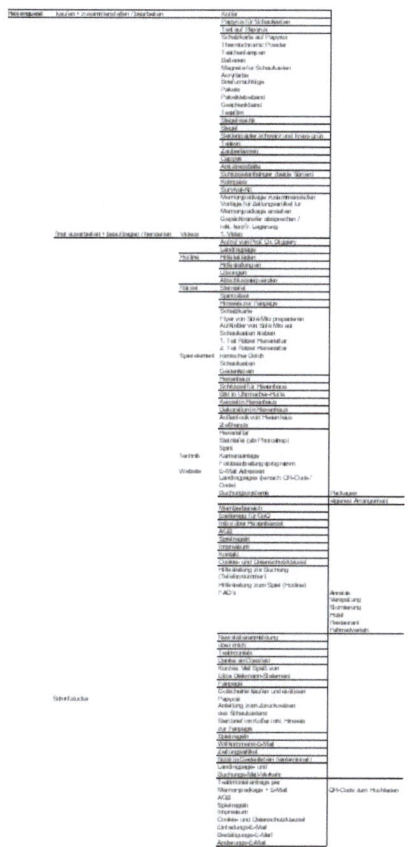

Wenn eine neue Aufgabe auf mich zu kommt, schreibe ich sie dort auf und … mache erstmal nichts weiter damit!

Denn meine jetzige Woche habe ich bereits geplant. Da kommt keine neue Aufgabe dazwischen! Punktum!
Das ist unglaublich wichtig! Denn du darfst dich bei deiner Arbeit nicht aus dem Takt bringen lassen.

Und wenn von außen noch so sehr gedrängelt wird.
Wenn jemand von dir verlangt, dass du es SOFORT erledigen musst, dann hat derjenige bis jetzt getrödelt. Und das ist dann sein und nicht dein Problem.

Wenn die Steuer drängelt … dann hast DU getrödelt! Und hast deine Wochenroutine definitiv nicht eingehalten!

Also dein erstes und eines deiner wichtigsten Werkzeuge ist deine **Task-List**!

Ich habe hierfür eine Schreibdatei auf meinem Computer, und zwar direkt auf dem Desktop, abgespeichert.

Wenn du aber der haptische Typ bist, der lieber ein Blatt Papier in der Hand hält, dann sieh zu, dass dein Blatt immer gut gepflegt ist. Durch ständiges rausstreichen und dazwischen schreiben wird es sonst viel zu unübersichtlich und du verlierst den Überblick.

Du kannst neue Aufgaben immer weiter drunter schreiben und auch die Rückseite benutzen.

Wenn du dann aber deine Liste zur Hand nimmst, deine neue Woche planst und vieles rausstreichst, dann schreibe im Anschluss deine Liste neu oder drucke sie neu aus, damit sie wieder sauber und leserlich ist.

Und damit kommen wir zum nächsten Punkt:

Eisenhower-Quadrat

Jeden Sonntag (sonntags hat sich für mich bewährt) planst du mit Hilfe deiner Task-List die kommende Woche.

Doch deine Task-List ist riesig! Was muss ich zuerst machen? Wie wichtig, oder dringend ist es? Was schaffe ich alles in der Zeit? Kann ich das noch schieben?

Auch du hast nur eine bestimmte Menge an Zeit, die du nutzen kannst. Und deine Blockzeiten solltest du genau nach Plan einhalten, um produktiv zu bleiben.

Also planen wir genau.
Hier gibt es viele Hilfestellungen. Im Buch „eat the frog" wird erklärt, dass du die ungeliebten Aufgaben direkt zu Anfang machst.
Dann sind sie weg. Der Frosch ist gegessen und du kannst dich Dingen zuwenden, die zwar auch wichtig sind, dir aber mehr Spaß machen.

Was mir jedoch sehr geholfen hat ist das Eisenhower-Quadrat.

Dieses sieht wie folgt aus:

	dringend	nicht dringend
wichtig	**A-AUFGABEN** Sofort selbst erledigen	**B-AUFGABEN** Terminieren und selbst erledigen
nicht wichtig	**C-AUFGABEN** Wenn möglich an Mitarbeiter delegieren	**D-AUFGABEN** In den Papierkorb

Beide Grafiken habe ich im Internet gefunden und ich fand die Zweite optisch so gut aufgebaut, dass ich sie dir nicht vorenthalten wollte.

Gefunden habe ich sie hier:

https://www.der-generalist.de/eisenhower/

Aber was machen wir mit diesem Quadrat?

Du nimmst deine Task-List und gehst jeden Punkt einzeln durch.

z.B. Neukundenakquise:
- Ist Neukundenakquise wichtig? Und ist sie dringend?
- Oder zwar wichtig, aber nicht dringend?
- Vielleicht ist sie auch dringend, aber nicht so wichtig?
- Oder aber tatsächlich weder dringend noch wichtig?

Einer dieser vier Kombinationen passt auf jede deiner Aufgaben.

Im Fall der Neukundenakquise ist dies die Wichtigste und Dringendste Aufgabe deines Unternehmens. Und dies gilt besonders am Anfang!

Sobald dein Produkt „fertig" ist (wir erinnern uns, es wird nie wirklich „fertig" sein), heißt es: VERKAUFEN! VERKAUFEN! VERKAUFEN!

Also fällt die Neukundenakquise in Feld A!

Während z.B. E-Mails checken, eher eine C- oder sogar D-Aufgabe ist.

Und was bedeutet nun die Einteilung?

A-Aufgaben = sofort erledigen

Nun, jede Aufgabe, die sowohl dringend, als auch wichtig ist, wird in dieser Woche SOFORT und von dir PERSÖNLICH bearbeitet. Das sind deine Aufgaben für die kommende Woche.

Und bitte denke daran: Wenn du deine Aufgaben bearbeitest, dass du unbedingt im FOKUS bleibst! Lass keine Ablenkungen zu. Nutz deine Pausen, um deine Energie wieder aufzuladen und bleibe so lange auf ein und derselben Aufgabe fokussiert, bis du sie wirklich beendet hast!
Und danach: → sei STOLZ auf dich!!!

B-Aufgaben terminieren

Aufgaben, die zwar wichtig, aber noch nicht dringend sind, werden von dir terminiert. Das bedeutet, du setzt sie auf ein Datum, an dem sie von „nicht dringend" zu „dringend" aufgestiegen sind. Und dann bearbeitest du auch diese Aufgabe.

C-Aufgaben delegieren

Aufgaben, die zwar dringend sind, aber nicht wichtig, delegierst du, wenn möglich an andere. Entweder beauftragst du eine Firma, deine Mitarbeiter oder einen Freiberufler.
Eine gute Plattform für solche Freiberufler ist „Upwork". Hier habe ich selbst schon Aufgaben verteilt und es ist eine sehr sichere Plattform.
Schließlich arbeitest du oft mit Menschen, die du nie sehen wirst und die sich evtl. sogar auf anderen Kontinenten befinden.

Bei einer anderen Plattform ist mir aufgefallen, dass verschiedene Anbieter aus unterschiedlichen Ländern die gleiche Arbeit als ihre eigene angeboten haben. Daher ist Vorsicht geboten!

Alle Aufgaben, die du delegierst, kosten zwar nicht mehr deine Zeit, aber dein Geld.

Und da du am Anfang wahrscheinlich mehr Zeit als Geld zur Verfügung stehen hast, wirst du einiges von den C-Aufgaben auch noch mit erledigen müssen.

Daher ist es besonders wichtig, dass du bald ans Verkaufen kommst, damit du deine kostbare Zeit nicht mehr mit C-Aufgaben verschwenden musst.

D-Aufgaben eliminieren

D-Aufgaben sind weder wichtig, noch dringend. Warum um alles in der Welt sollte sich dann jemand überhaupt damit befassen? Sie sind Müll. Papierkorb. Weg damit. Braucht kein Mensch!

Durch das Eisenhower-Quadrat schrumpft deine Task-List auf das Wichtigste und Dringendste zusammen.

Und je mehr du von der Ressource Geld zur Verfügung stehen hast, desto mehr Aufgaben kannst du delegieren.

Hast du Schwierigkeiten damit herauszufinden, was wichtig und was dringend ist?

Du baust ein Unternehmen auf. Und dein Unternehmen kann nur durch dein Produkt und durch den Verkauf deines Produktes überleben.

Also halte dich an folgenden Ablauf:

1. Produktaufbau

Der erste Schritt ist, dass du dein Produkt aufbaust.

Dieses Produkt testest du an Testkunden und verbesserst es.

Diesen Vorgang wiederholst du vielleicht noch 1-2 Mal und dann geht es an den Verkauf!

Solltest du für dein Produkt Genehmigungen benötigen, zählen diese zum Produktaufbau dazu. Z.B. wenn du als Finanzberater arbeiten willst, oder mit Lebensmittel arbeitest, etc.

2. Verkauf

Verkaufen! Marketing betreiben! Verkaufen! Das ist die wichtigste Aufgabe deines Unternehmens!!!

3. Kundenbetreuung

Es kommt ganz auf dein Produkt an, wieviel „Betreuung" deine Kunden brauchen.

Der Idealfall ist natürlich, dass sie nach dem Kauf des Produktes dieses Zugesandt bekommen und das wars.

Also entweder ein physisches Produkt, welches verpackt und verschickt wird.

Oder ein Videokurs bei dem du nicht einmal den Zugang freischalten musst, weil du z.B. mit Elopage zusammen arbeitest und hier alles voll automatisiert verläuft.

Oder brauchst du doch ein wöchentliches Meeting via z.B. Zoom.

Oder was ist mit einem einmaligen Seminar (via Zoom oder live auf der Bühne).

Etc.

Wenn diese drei Punkte laufen, also das Produkt fertig gestellt ist, der Verkauf am besten automatisiert verläuft und die Kundenbetreuung gesichert ist, dann kann man sich um alles andere kümmern.

Selbstverständlich musst du dein Gewerbe irgendwann anmelden. Tatsächlich kann dies jedoch auch noch nach den ersten Verkäufen geschehen. Du darfst nur eben keine Einnahmen verschleiern.

Für die Gewerbeanmeldung melde dich jedoch auch sofort bei einem Steuerberater, damit er dich beim Finanzamt anmeldet.
Wenn du selbst kein gelernter Steuerberater bist, rate ich dir dringend dazu, nichts ohne einen Steuerberater zu machen!
Aber zu den Steuern und der Wahl der Rechtsform kommen wir in einem anderen Büchlein.

Mitarbeiter

Ab jetzt gilt es für dich, alle Abläufe zu strukturieren, zu automatisieren und zu systematisieren.

Dies geht in der Alltagsroutine meist unter, da man zu sehr mit dem Marketing und der Kundenbetreuung zu tun hat.

Daher sind jetzt dringend Mitarbeiter gefordert!

Du hast deine ersten Verkäufe und hast herausgefunden, welche Marketingmaßnahmen funktionieren und welche nicht? Dann setze deine Umsätze jetzt auch richtig ein.

Was du jetzt benötigst, sind A-Mitarbeiter.
Genauso wichtig wie es ist, A-Kunden, also deinen Lieblingskunden zu deklarieren, gilt dies auch mit A-Mitarbeiter.

A-Mitarbeiter erkennt man daran, dass sie die gleiche Philosophie wie dein Unternehmen und wie du selbst hast. Und auch die gleichen Werte im Leben verfolgen.

A-Mitarbeiter kennen aber auch ihren Wert. Sie arbeiten nicht nach Zeit, sondern noch Leistung. Ein Stundenlohn ist zwar eine nette Grundabsicherung, aber wichtiger, auch für dich, ist eine leistungsorientierte Vergütung.
Z.B. Prämien bei Erreichung vorgegebener Ziele, %ualer Anteil vom Gewinn, oder ein Bonus bei Ideen, die dem Unternehmen Geld sparen, für Innovationen oder für Leistungssteigerung.

Das Buch von Boris Grundl, Leading simple, ist hier sehr zu empfehlen.

Egal für welche Abteilung du jetzt Mitarbeiter einstellst, ob für den Verkauf (sollte das erste sein), die Buchhaltung oder den Kundenservice, jeder dieser Mitarbeiter hat vor allem die Aufgabe SOP's zu formulieren.

SOP = Standard Operation Procedure
Eine SOP ist nichts weiter, als dass eine Tätigkeit, welche in deinem Unternehmen ausgeführt wird, kleinlichst genau aufgeschrieben wird.

Sie muss so formuliert sein, dass jemand, der noch nie auch nur einen Handschlag in deinem Unternehmen getan hat, mit Hilfe dieser SOP ganz alleine diesen Vorgang ausführen kann.

Z.B. auf eine E-Mail mit einer Absage antworten:
„Nimm die Computermaus in die Hand und führe mit ihrer Hilfe den Mauszeiger (kleiner weißer Pfeil auf dem Bildschirm) in die obere linke Ecke des Bildschirmes. Dort findest du in der Menü-leiste den Punkt: „Neue Mail". Führe den Mauszeiger auf „Neue Mail" und klicke einmal mit der linken Taste der Maus darauf. Jetzt öffnet sich ein neues Fenster. …"

SOP´s zu schreiben und auch zu pflegen ist eine mühsame aber wirklich lohnenswerte Aufgabe.

Sie systematisieren dein Unternehmen! Und wir erinnern uns: Nicht Menschen führen ein Unternehmen, sondern Systeme! (Pascal Feyh)

Eine SOP für die Antwort einer E-Mail kann schon mehrere Seiten betragen.
Für den Vorgang eines Verkaufsgesprächs wird schon ein eigenes Büchlein draus.

Aber gerade beim Verkauf sind die SOP´s für das Unternehmen lebensnotwendig!
Das meine ich ernst! LEBENSNOTWENDIG!!!

Du hast dein System gefunden, wie du dein Produkt verkaufen kannst, du hast Skripte für die Verkaufsgespräche, für Einwandbehandlungen und für die Abschlüsse erstellt, die funktionieren!

Die dürfen NICHT verändert werden!

Käufer sind sensibel. Ein kleines Wort, das ausgetauscht wird, worauf der neue Verkäufer gar nicht so sehr achtet, kann eine große Wirkung erzielen.

z.B. wenn im Skript vom „glänzenden Boden", gesprochen wird, „in dem sich Ihre Nachbarn staunend spiegeln können", ist das ein sehr starkes Verkaufsargument.
Wenn der neue Verkäufer daraus jedoch „einen sauberen Boden" macht, „um die Nachbarn einladen zu können", verpufft die Wirkung und man hätte sich den Satz auch gleich sparen können.

Nach dem System kommt die Kontrolle

Daher ist es immens wichtig stets und ständig zu kontrollieren.

Werden die System eingehalten?
Wie verhalten sich die Verkaufszahlen?
Warum läuft es bei dem Verkäufer besser und bei dem schlechter?
Welche Worte werden verwendet?
Telefoniert der Verkäufer im Stehen, Gehen oder Sitzen?
Welche Gestik, welche Mimik verwendet der Verkäufer?
Ist die richtige Zielgruppe angesprochen?
Etc.

Aber nicht nur die Verkäufer, bzw. die Mitarbeiter müssen kontrolliert werden. Auch die Systeme benötigen immer wieder ein Update.

Es gibt eine neue App, die alles viel einfacher macht?
Funktioniert der Link zu unserer Landingpage noch?
Sind die Fotos noch aktuell oder schon veraltet?
Löst unser Produkt immer noch das Problem der Kunden, oder hat sich das Problem verändert?
Muss das Produkt angepasst werden?
Etc.

Da gibt es viel zu kontrollieren und auszubessern. Das ist aber auch die Existenzbegründung für Vorarbeiter. 😊

Mitarbeiter

Ich komme noch einmal zurück zum A-Mitarbeiter.

Als ich damals in der Schule war, habe ich eine Geschichte gehört, die mich mein gesamtes Berufsleben geprägt hat.

‚Zwei Freunde hatten das Glück, gleichzeitig in derselben Firma einen Job zu bekommen.

Beide waren immer pünktlich und zuverlässig.
Während der eine Freund jedoch innerhalb von einem Jahr seine dritte Beförderung bekam, blieb der andere Freund immer noch auf dem Posten, auf dem er angefangen hat.

Das fand er natürlich wahnsinnig ungerecht. Und so beschloss er, endlich seinen Chef zur Rede zu stellen.

So machte er also einen Termin aus und beklagte sich dann bei seinem Chef, warum er so ungerecht behandelt wird.

Der Chef sagte ihm, dass er, um diese Ungerechtigkeit überprüfen zu können, eine Aufgabe für ihn hätte.

Er sollte auf den Markt gehen und herausfinden, was die weißen Bohnen heute kosten.

Der Mitarbeiter war darüber sehr erfreut, denn bisher durfte er nie zum Markt gehen.

Also lief er los, holte sich den Preis für die weißen Bohnen und war innerhalb einer halben Stunde wieder zurück.

Als er dem Chef den Preis genannt hat, sagte dieser: „Gut. Und nun brauch ich den Preis für die Erbsen."

Der Mitarbeiter stutzte kurz. Hätte er das nicht eher sagen können? Naja, egal. Schließlich geht es hier um eine Beförderung. Und wer versteht schon die Marotten des Chefs?

Also lief er wieder los und erkundigte sich nach den Erbsen. Diesmal war es nicht so leicht den Händler zu finden und er brauchte daher eine ganze Stunde, bis er von dem Preis berichten konnte.

Der Chef notierte sich kurz den Preis und schickte ihn dann erneut los. Diesmal ging es um Linsen.

So langsam stieg die Wut in dem Mitarbeiter. Das ist doch Schikane!

Aber komm, reiß dich zusammen. Den Händler hab ich ja schließlich vorhin schon gesehen.
Und somit kam er mit dem Preis schon nach knapp 20 Minuten wieder.

Der Chef nickte und betrachtete die drei Preise, die er sich notiert hat. Dann wies er den Mitarbeiter an, sich hinzusetzen und rief seinen Freund ins Büro.

Dieser kam und der Chef schickte ihn los, den Preis für weiße Bohnen zu holen.

Na, dachte sich der Freund, der schon dreimal auf dem Markt war. Mal sehen, ob er schneller ist, als ich.

Doch sein Freund brauchte unglaublich lange. Er blieb eine Stunde weg, zwei Stunden, dann drei.
Der wartende Freund wurde zwar unruhig, weil er so lange warten musste, doch freute er sich irgendwie auch. Denn er wusste ja bereits, dass sein Freund noch zweimal geschickt wird. Da kann der Chef mal sehen, wer hier der Bessere ist.

Nach knapp vier Stunden kam der Freund dann endlich und präsentierte seinem Chef das Ergebnis:

„Also, die weißen Bohnen liegen beim Händer A bei 2,- € das Kilo. Die Qualität entspricht auch unserem Standard. Jedoch hat Händler B, mit ähnlicher Qualität, einen Preis von 1,80 € je Kilo aufgerufen. Ich habe hier jeweils eine Probe zur Qualitätsbestimmung.

Auf meinem Weg habe ich auch nach Erbsen Ausschau gehalten, doch die Qualität heute ist unserer überhaupt nicht angemessen und somit können wir da besser morgen nochmal nachsehen.

Bei den Linsen habe ich mir erlaubt, beim Händler T, direkt eine Bestellung von 1000 kg zu machen. Die Qualität hat bei ihm immer gepasst und der Preis war heute sensationell günstig. Diesen Preis konnte er damit erklären, dass es nur noch einen Restposten zu kaufen gibt. Den habe ich dann auch komplett aufgekauft.

Zudem habe ich hier noch die Preise für braune Bohnen und Kichererbsen der verschiedenen Händler und die Qualitätsproben.

Die Proben liegen dem Labor bereits vor und das Ergebnis müsste innerhalb der nächsten 20 Minuten eintreffen. Dann können wir die Bestellungen machen."

Der Chef bedankte sich und ließ den Mitarbeiter wieder gehen.

Nun wandte er sich an den wartenden Mitarbeiter, welcher alles mitbekommen hat.

„Haben Sie verstanden, warum er die Beförderungen bekommen hat?"

Der Freund nickte nur stumm und verließ dann das Büro.

Ein halbes Jahr später erhielt er dann auch seine erste Beförderung.'

Ich liebe diese Geschichte, da sie für mich ein Augenöffner war!

Es gibt A-Mitarbeiter, B-Mitarbeiter, C-Mitarbeiter und D-Mitarbeiter.

D-Mitarbeiter braucht kein Unternehmen. Sie sind arbeitslos glücklicher als angestellt. Kommen ständig zu spät oder melden sich krank. Schaffen nicht mal die Hälfte an Arbeit von den anderen, meist durchsetzt mit immer den gleichen Fehlern, sind mehr am Kaffeetrinken und Pause machen.
Doch das Schlimmste, sie sähen Neid und Zwietracht. Sie ziehen über andere her, schleimen in die andere Richtung und spalten das Unternehmen. Sie sind Gift für das Betriebsklima und sind tödlich für jeden Betrieb!

C-Mitarbeiter sind nicht viel besser. Sie erledigen ihren Job, sind aber meist auch krank und machen viele (und immer die gleichen) Fehler. Außerdem fühlen sie sich zu den D-Mitarbeitern eher hingezogen und haben die Tendenz zum D-Mitarbeiter zu werden.

B-Mitarbeiter sind motivierter. Sie wollen Ihren Job korrekt ausführen. Sind auch immer pünktlich auf der Arbeit. Und auch pünktlich wieder weg.
Die Aufgaben werden zufriedenstellend ausgeführt. Aber auch nicht mehr.
Für Weiterbildungen fehlt das Interesse. Täglich die gleichen Aufgaben zu erledigen und diese irgendwann zu perfektionieren, scheint erstrebenswert.

A-Mitarbeiter hingegen verstehen das Unternehmen. Die Ziele, die Unternehmensphilosophie und die Möglichkeiten.

Sie arbeiten eigenverantwortlich, machen ständig Fehler, da sie sich immer weiterbilden. Sie lernen aber aus ihren Fehlern und geben ihre Erkenntnisse an die anderen Mitarbeiter weiter.

Sie sehen Aufgaben und auch anstehende Probleme selbstständig und agieren dementsprechend.

Jeder für sich arbeitet so, als wäre es sein eigenes Unternehmen. Sie kennen ihren Wert und werden auch dementsprechend entlohnt.

Für dich bedeutet es:

C- und D-Mitarbeiter sind tunlichst zu vermeiden!!! Sie RUINIEREN dich!!!

Und sie sind ansteckend! Warum sollte sich ein B-Mitarbeiter weiter anstrengen, wenn er sein Geld auch für die Leistung vom C- und D-Mitarbeiter bekommt?

Aber auch B-Mitarbeiter sind ansteckend.

Wenn du nur einen B-Mitarbeiter inmitten von A-Mitarbeitern hast, dann wird dieser hochgezogen und wird selbst zum A-Mitarbeiter.

Aber im umgekehrten Falle können auch A-Mitarbeiter zu B-Mitarbeitern werden, wenn du nicht aufpasst!

Im Endeffekt heißt dies, halte nach A-Mitarbeitern Ausschau! Nur sie können dein Unternehmen groß machen, Systeme mit dir aufbauen und dafür sorgen, dass du für dein eigenes Unternehmen entbehrlich wirst.

Denn dein Ziel ist es: RAUS aus der Selbstständigkeit und REIN ins Unternehmertum!!!

~~Workbook~~

Heute kann ich dir mit keinem Workbook dienen, denn das wäre übertrieben.

Aber fassen wir deine Aufgaben einmal kurz zusammen:

- Als erstes besorgst du dir ein kleines Notizbuch und einen zuverlässigen Stift (vielleicht noch einen Zweiten, falls der Erste aufgibt).
- Dann entscheidest du dich für ein Karteisystem und holst dir auch dieses.
  Die Einteilung, welche Mappe wofür benötigt wird, wird sich von allein ergeben.
- Nun fertigst du dir eine Task-List, To-Do-List oder Aufgabenliste an. Vollkommen egal, wie du sie nennst. Aber halte sie immer aktuell, sauber und griffbereit. (Das einzige Stück Papier, das nach Feierabend auf deinem Schreibtisch liegt, oder die Datei, die mitten auf deinem Desktop prangt)
- Als nächstes benötigst du einen Wochenplan!
  Ein haptischer Mensch könnte sich ein Whiteboard holen und dies jede Woche neu beschriften.
  Oder man nimmt sich ein Tabellenprogramm und nutzt eine Tabelle für sich.

Beispiel:

KW 1	Montag 03.01.2022	Dienstag 04.01.2022	Mittwoch 05.01.2022	Donnerstag 06.01.2022	Freitag 07.01.2022	Samstag 08.01.2022	Sonntag 09.01.2022
Block 1	Aufgaben deklarieren und nach Dringlichkeit sortieren	Kalkulationen für den Businessplan machen	Businessplan bearbeiten	welche Genehmigungen brauche ich?	A-Kunden Analyse	Freunde besuchen / Geburtstagsfeier	Reflexion der Woche
Block 2	Projektabläufe aufbauen (wann wird was erledigt)	Kalkulationen für den Businessplan machen	Businessplan bearbeiten	welche Genehmigungen brauche ich?	A-Kunden Analyse		Neuplanung
Block 3	Wochenplanung beenden	lesen und weiterbilden	lesen und weiterbilden	lesen und weiterbilden	lesen und weiterbilden		lesen
Block 4	Preise anfragen und heraussuchen	Kalkulationen für den Businessplan machen	welche Steuer- und Rechtsformstruktur?	von wem brauche ich die Genehmigungen?	Freizeit		Freizeit
Block 5	Preise anfragen und heraussuchen	Belohnungspyramide neu aufbauen	welche Steuer- und Rechtsformstruktur?	von wem brauche ich die Genehmigungen?			
Ich-Zeit							
Privat		Torte und Tiramisu		Geburtstagsgeschenk kaufen			

- Um deine Woche zu planen benötigst du:
  - deine Task-List
  - das Eisenhower-Quadrat
  - den leeren Wochenplan
  - Terminkalender mit feststehenden und privaten Terminen

Und nun kannst du strukturiert und effizient an deinem Unternehmen arbeiten.
- In der Blockzeit wirst du von niemandem gestört.
- Es gibt keine Ablenkungsquellen in deinem Büro.
- Du weißt immer ganz genau wann du an was arbeiten musst.
- Wenn eine neue Aufgabe dazu kommt, wird sie auf die Task-List gesetzt und in der nächsten Wochenplanung berücksichtigt.
- Ideen werden sofort vermerkt und gehen nicht unter.
- Immer wiederkehrende Aufgaben, wie z.B. Neukundenakquise, bekommen einen festen Platz im Wochenplan.
  - und werden schnellstmöglich delegiert.
- Ungeliebte Aufgaben werden am Anfang der Woche erledigt.
- Beim Erledigen der Aufgaben werden schon Stichpunkte für SOP´s festgehalten.
  - Die SOP´s werden besser von deinen baldigen Mitarbeitern geschrieben. Denn:
    - Deine Mitarbeiter, z.B. Verkäufer, sind viel besser im Verkaufen als du.
    - Arbeiten täglich mit diesen Strukturen und sind damit geübter.

Epilog

Struktur ist das, was den meisten Selbstständigen fehlt. Denn immer kommt ein Anruf dazwischen, ob man mal kurz … oder kannst du mal eben … etc.

Und wenn ein Problem gelöst wurde, dann wurde nicht festgehalten, wie es gelöst wurde.

Wenn sich eine Methode bewährt hat, wurde auch dies nicht festgehalten.

Und die Papiere und die Arbeit stapeln sich auf dem Schreibtisch.

Mit der Struktur, die ich dir heute an die Hand gegeben habe, habe ich mein Chaos vollkommen in den Griff bekommen. Jedoch braucht es auch deine Eigeninitiative, dass du dich IMMER an diese Strukturen hältst!

Ich freue mich darauf, wenn wir in den kommen Büchern auf die Steuern und das Marketing eingehen. Aber auch die Weiterbildung und Networking dürfen nicht vernachlässigt werden!

Ich wünsche dir viel Erfolg bei deiner Selbstständigkeit!

Melanie Flacke

46